EUGÈNE LAFFINEUR

OÙ EST LE SALUT?

PAS DE DISSOLUTION

Prix : 1 franc

PARIS
E. LACHAUD, ÉDITEUR
4, PLACE DU THÉATRE FRANÇAIS, 4

1871

SOMMAIRE

I. — *État des esprits en France avant le vote du 31 août. — Que devait faire l'Assemblée nationale?*

Se dissoudre?

Constituer définitivement? — Le vote du 30 août.

Consolider les pouvoirs de M. Thiers? — Le vote du 31 août.

II. — *Les partis à la Chambre.*

Formation d'une majorité parlementaire. — Fusion du centre droit et du centre gauche.

Nécessité de la fusion : sa possibilité.

III. — *Sans la fusion, crises gouvernementales, chute du pouvoir.*

La dissolution : à qui profitera-t-elle?

Le parti radical, les bonapartistes.

Conclusion.

I

État des esprits en France avant le vote du 31 août.

Que devait faire l'Assemblée nationale? Se dissoudre? Constituer définitivement? Le vote du 30 août. Consolider les pouvoirs de M. Thiers? Le vote du 31 août.

La force respective des partis qui composent l'Assemblée nationale, leur esprit, leur tactique, leur but, se sont nettement révélés dans les séances des 30 et 31 août. Les débats de ces deux journées contiennent de grands enseignements pour le pays; ils imposent de grands devoirs à ceux qui ont voté la loi du 31 août, et qui, par leur union, sont appelés à former la majorité gouvernementale d'où dépend le salut de la France.

Il est un fait qui depuis quelque temps en effet dominait la situation : *l'instabilité des pouvoirs de M. Thiers*. Chaque jour, à chaque heure, le pouvoir exécutif était exposé à disparaître; que dans un vote, où M. Thiers posait sa question de démission, la Chambre se fût prononcée contre lui, c'en était fait; il fallait un autre homme à la tête du gouvernement : aussi ce pouvoir fragile et instable ne rassurait-il pas l'inquiétude.

En face des compétitions monarchiques et des intrigues aventureuses qui travaillent la France, on avait peur, et chacun répétait : si M. Thiers tombe, que deviendra le pays? D'une part, on sentait en lui l'homme nécessaire, d'autre part on craignait de le perdre à la suite d'une manœuvre de la Chambre, d'où naissait contre la Chambre elle-même une prévention qui allait croissant de plus en plus, et qui, en redoublant les craintes, favorisait les idées de dissolution.

Les préoccupations étaient vives, le danger réel; que devait faire l'Assemblée? Le 31 août, a-t-elle pris le parti le plus sage, et scellé, par un acte patriotique et national, sa réconciliation avec le pays?

Les impatients trouveront sans doute que grand a été son tort en ne prononçant pas la dissolution à courte date, tandis que les partisans d'un coup d'État parlementaire auraient préféré peut-être lui voir créer un pouvoir définitif.

Quoi qu'il en soit, nous espérons que les sympathies de l'opinion publique feront bientôt cortége à ceux qui, le 31 août, ont voulu se tenir à l'écart des résolutions violentes.

La prudence, comme nous allons le voir, conseille en effet à tous de se ranger derrière le parti des sages, pourvu que ceux-ci s'unissent fortement, afin de ne pas renverser demain ce qu'ils ont édifié hier.

Trois solutions étaient en présence. L'Assemblée pouvait : prononcer sa dissolution à bref délai, ou constituer définitivement, ou consolider simplement les pouvoirs de M. Thiers.

Devait-elle se dissoudre à bref délai?

Une telle résolution eût été inopportune et dangereuse, car le public a besoin de calme et de tranquillité; il est encore en proie à la fièvre des derniers temps, et c'est alors que s'ouvrirait la période électorale!

Que produiraient ces élections? Une agitation profonde, et cela quand la France est occupée par l'étranger, quand le Prussien nous épie, quand les Bonaparte conspirent, quand les grandes villes ne sont pas encore remises de leur trouble!

Quel serait le résultat de la lutte? Nous l'ignorons, et cette ignorance même nous suffit pour dire : Prenez garde, les complications, en dehors des discordes intestines, seront peut-être terribles; M. de Bismarck est un habile homme, et l'insatiable chercherait à y trouver profit.

En un mot, vouloir la dissolution, ce serait jouer la

fortune de la France sur un dernier coup de dé : le simple bon sens, l'esprit de patriotisme, prenant conseil des circonstances, commandent donc de conjurer à tout prix un pareil danger; c'est pourquoi l'Assemblée a sagement agi en repoussant la dissolution.

Devait-elle donc, cette première hypothèse écartée, constituer définitivement? Certes non, car il est une idée constante, indéniable qui se dégage des manifestations de l'opinion publique, c'est qu'à tort ou à raison on croit que cette Chambre n'est pas appelée à trancher cette grave question : monarchie ou république? Il en est qui pensent que cette idée générale repose sur la distinction subtile que les électeurs, en déléguant leur souveraineté, auraient faite entre le mandat législatif et le mandat constituant. N'est-il pas plus vrai, cependant, de dire que les électeurs, en nommant des députés, n'analysent ni le caractère ni l'étendue des pouvoirs qu'ils confèrent? Ce qu'ils veulent avant tout, c'est qu'on fasse leurs affaires, et comme depuis quatre-vingts ans la France, tour à tour déçue et trompée, a fait l'essai des différents systèmes monarchiques et de plusieurs républiques, elle désire surtout, en ce moment de crises et de malheurs, qu'on ne vienne pas déranger le travail de réorganisation en y introduisant de vaines querelles sur le meilleur système de gouvernement, et le provisoire lui suffit.

Telles sont les tendances de l'esprit général; aussi la question de Constituante, posée le 30 août et résolue après une vaine discussion, sur la nature du mandaconféré aux députés actuels, n'a aucune portée pratique : elle n'aboutira pas. Et si cette assemblée, eu égard aux circonstances dans lesquelles elle est née et aux difficultés au milieu desquelles elle agit, doit réserver cette question, il est facile de se convaincre qu'en fait, elle l'a réservée. Son vote sur ce point n'a été *qu'un vote d'équivoque*, et la journée *une nouvelle journée des dupes*, puisque le lendemain même on a vu des gens qui s'étaient déclarés incapables de constituer, constituer aussitôt, et d'autres, qui voulaient faire du définitif, établir un pouvoir qui expirera le jour où l'Assemblée se retirera.

Ce vote du 30 août, par lequel l'Assemblée se déclarait constituante, ne saurait donc préoccuper plus longtemps le pays, car, en réalité, après le vote du 31, il est destiné à rester lettre morte.

Ainsi faire la dissolution, c'était le danger; constituer d'une façon définitive, c'était compliquer un état singulièrement embarrassé : le seul parti qu'il restait à suivre pour donner satisfaction aux aspirations du moment, consistait donc à se dégager de l'impasse où l'on se trouvait en créant un pouvoir limité dans sa durée, mais stable dans son exercice, stable dans son fonctionnement.

Et comme les faits ont une puissance de logique contre laquelle se brise fatalement la logique des raisonnements eux-mêmes; comme dans le domaine de a politique, rien n'est absolu, mais que tout est subordonné à la nécessité des situations, il a suffi d'un homme que l'on n'accusera certes pas d'avoir les sympathies personnelles de la Chambre pour conquérir, par l'exposé vrai de la situation, l'assentiment de la grande majorité de l'Assemblée. Si, le 31 août, M. Picard a remporté un grand triomphe, s'il a été applaudi, s'il a ramené les récalcitrants, dominé les rebelles, on peut affirmer que ce succès fut bien moins le résultat de son autorité personnelle que de la force des choses qui, nettement mise en lumière, a jeté sur le débat une clarté telle que plus d'un esprit obscurci par la passion ou l'intérêt a été obligé de se rendre à l'évidence.

II

Les partis à la Chambre. — Formation d'une majorité parlementaire. — Fusion du centre droit et du centre gauche. — Nécessité de la fusion : sa possibilité.

Le 31 août, chaque parti politique représenté à la Chambre, a donné la mesure des sacrifices, qu'il était capable de faire à ses opinions personnelles dans l'intérêt du pays.

Ce jour-là, malgré M. Vitet, malgré son rapport, hérissé d'un bout à l'autre de pointes académiques, à l'adresse des auteurs de la proposition Rivet, les monarchistes constitutionnels (centre droit) et les républicains modérés (centre gauche) se sont unis pour conjurer le danger.

Seuls implacables, seuls logiques, soit dans leur vote de dissolution de la veille, soit dans leur idée de constitution définitive, les partis extrêmes sont restés fermes dans leur résistance ; ainsi se sont trouvés confondus et mêlés, dans le vote des quatre-vingt-quatorze contre la proposition Vitet, les noms des Gambetta et des Louis Blanc avec ceux des la Rochefoucauld, duc de Bisaccia, des Belcastel et autres.

Singulier sujet de réflexions que cet étrange mélange! Quel étonnement, en effet, n'inspireraient pas ces unions disparates, si l'on ne réfléchissait que ces hommes ont un point de contact dans leurs opinions, l'absolutisme, qui, pour les radicaux, prend sa source dans la logique impitoyable de leurs déductions philosophiques, et pour les légitimistes, dans la foi de leurs traditions monarchiques! Ils oublient, hélas! que si la logique et la foi sont inébranlables, la politique a ses lois, qui sont dictées par la juste connaissance des situations, et qui sont relatives et contingentes, comme les situations elles-mêmes.

Que les extrêmes se touchent, cela prouve surabondamment que le pays serait téméraire de se reposer en eux pour l'arracher aux embarras présents. Laissons-les donc parler de dissolution, ou de constitution définitive, mais fermons prudemment l'oreille à leurs excitations coupables ou maladroites : ceux-là ne sauront pas nous procurer la tranquillité dont nous avons besoin.

Le sort du pays dépend maintenant de la conduite des quatre cent quatre-vingt-onze membres qui ont voté la loi du 31 août.

Il faut que ces hommes, après s'être affirmés une

première fois, s'unissent désormais pour conserver le pouvoir qu'ils ont créé, pour le soutenir et pour mener à bonne fin, de concert avec lui, la glorieuse mais pénible tâche qui leur est imposée. Cette union est nécessaire, elle est possible, et s'ils ne la font pas, la responsabilité de l'avenir pèsera sur eux.

Il faut donc que les deux centres, le centre droit et le centre gauche, marchent l'un vers l'autre, arrivent à la fusion.

Le gouvernement, en effet, est condamné à périr sans la formation d'une grande majorité parlementaire; et cette majorité, sous peine d'être mobile et factice, ne saurait se former que par la fusion des deux centres.

Supposons en effet que le centre droit aille retrouver ses amis de la veille, qui se sont abstenus ou ont voté contre lui le 31 août, et que le centre gauche, suivant une tactique analogue, cherche du renfort dans les dissidents radicaux, qu'arriverait-il? On verrait naître de cette désagrégation des deux centres, et de leur union respective aux partis extrêmes de la droite ou de la gauche, deux grands partis prêts à se combattre sans cesse et à combattre à tour de rôle le pouvoir, qui ne trouvant de point d'appui solide ni sur l'un ni sur l'autre, serait obligé de tenir entre les deux un équilibre impossible : de là pour le Gouvernement, des crises successives, et pour le pays, des craintes continuelles.

Bien coupable serait donc le jeu conseillé par quelques habiles du centre droit, dont leurs organes se font l'écho.

A les en croire, à ne consulter que leur finesse, il semblerait que, maintenant, chacun des centres revendiquera pour lui le bénéfice de la journée, et que le Président de la République ne devra dorénavant s'inspirer, dans le choix des ministres et des hommes, que des idées de l'un à l'exclusion des idées de l'autre.

C'est nous, diraient les membres du centre droit, qui vous avons fait, c'est dans nos rangs que vous puiserez vos inspirations : c'est nous, répondraient les membres du centre gauche, qui vous avons créé, à nous la prépondérance.

Ce langage et cette attitude des deux partis modérés de la Chambre seraient la négation de la réalité des faits, et la contradiction même de l'union, de l'acte du 31 août.

La vérité se trouve ailleurs : le pouvoir de M. Thiers ne dérive pas exclusivement des sentiments de la droite, qui était opposée à la proposition Rivet ; il n'est pas absolument conforme aux aspirations de la gauche, qui aurait peut-être voulu plus encore : et puisque le centre droit n'a pas créé ce pouvoir, et que le centre gauche, pour y arriver, a été obligé de faire des concessions, la conséquence est que, sans l'accord des deux centres, ce pouvoir n'existerait pas.

Cette union seule l'a formé, cette union seule est capable de le soutenir dans son existence : sans quoi, le Gouvernement, obligé de s'appuyer, comme nous l'avons établi plus haut, sur une majorité flottante, péricliterait sans cesse et tomberait bientôt, précipitant dans sa chute le pays dans des crises terribles, et le livrant aux dangers qui s'offrent de toutes parts.

Cette fusion est nécessaire pour former une majorité parlementaire réelle : reste à voir si elle est possible.

Elle l'est, parce que la modération et sur plus d'une question la conformité d'opinions, la préoccupation sincère du bonheur du pays, sont autant de traits communs au caractère des monarchistes constitutionnels et des républicains modérés, et qu'ainsi, sur le terrain des idées, le rapprochement est facile. Entre eux il y a bien plutôt une différence de forme qu'une différence de fond sur le mode de gouvernement.

Aujourd'hui donc que, devant la nécessité, le centre droit a compris que, sous peine d'attirer sur la patrie les plus grands malheurs, l'amour du pays lui imposait comme un devoir de conserver la forme républicaine, où serait l'obstacle sérieux qui s'opposerait à l'union définitive des deux grandes fractions de la Chambre.

Le trouverons-nous dans l'esprit de parti du centre droit, favorisé par l'affection personnelle de certains députés pour les princes d'Orléans ?

Nous ne nous dissimulons pas, qu'en nous plaçant

à ce point de vue, il y ait lieu de concevoir quelques craintes ; nous savons que partout et dans tous les temps, il y a eu des gens plus royalistes que le roi, et que dans cette Chambre, il y a des députés plus orléanistes que les d'Orléans. Ceux-là nourrissent peut-être l'ambition secrète de favoriser l'arrivée au trône d'un prince qui récompenserait leur dévouement; mais ce sont des amants coupables dont l'amour est aussi intéressé que le dévouement personnel, et ils nous préoccupent peu, parce qu'ils sont en petit nombre. Si même ils prennent leurs inspirations auprès des princes, ils se fatigueront bien vite de leur tactique et de leurs tracasseries, en apprenant que leurs idées ne sont pas celles de ceux qu'ils ont à cœur de flatter.

L'influence des princes d'Orléans qui ont donné à leur patrie des preuves incontestables d'abnégation et de dévouement ne saurait donc être dangereuse, ni l'esprit de parti qui en découlerait assez tenace et assez puissant pour empêcher à cette heure une union nécessaire.

Dissipons donc ces craintes, surtout en pensant que les membres du centre droit comprendront que cette fusion utile au Gouvernement, utile au pays, leur profiterait à eux-mêmes.

Réfléchissons, en effet, aux conséquences qui résulteraient de la formation de cette grande majorité.

La majorité formée, il n'est pas douteux que le Président de la République française ne gouverne avec elle, et qu'appliquant franchement le régime parlementaire, il ne sache sacrifier quelques idées personnelles sur des questions spéciales où il est en désaccord avec le centre droit : ce désaccord, par l'union des deux centres, disparaîtrait fatalement, car telle est la force des majorités que, d'une part, elles sont pour le pays le garant de la stabilité du pouvoir, et que, d'autre part, elles ont pour effet de faire réfléchir le pouvoir lui-même, surtout quand il est prudent et sage, avant de se lancer dans des entreprises où il risquerait de rencontrer leur résistance.

De pareils dangers ne sont pas à redouter de la part du Gouvernement actuel; il n'est personne, qui puisse craindre sérieusement de voir la pomme de discorde lancée par celui qui est aujourd'hui Président de la République, et qui, pilote expérimenté, a su, depuis six mois, gouverner si habilement au milieu des écueils de tous les partis.

De l'analyse des faits qui se sont accomplis dans les séances des 30 et 31 août, de l'examen général de la situation, se dégagent donc les idées suivantes, qui intéressent tous ceux qui prennent souci du salut de la France :

1° Le 31 août, les quatre cent quatre-vingt-onze ont eu raison de constituer un pouvoir stable dans son existence, mais limité dans sa durée, et de ne pas aller au delà.

2° La création de ce pouvoir implique l'idée de la formation d'une majorité.

3° Cette majorité, pour être fortement constituée, doit résulter de l'union des membres conservateurs et libéraux de la Chambre, de la fusion des deux centres.

4° La fusion dépend surtout du centre droit qui, obéissant à l'esprit de parti, aurait tort de la rejeter.

III

Sans la fusion, crises gouvernementales, chute du pouvoir.
La dissolution : à qui profitera-t-elle? —Le parti radical.— Les bonapartistes. — Conclusion.

Maintenant que nous connaissons les avantages attachés à la fusion, voyons donc à qui la désunion profiterait, quelles en seraient les conséquences, et quelle serait enfin l'étendue de la responsabilité de ceux qui entretiendraient le désaccord.

La division amènerait, comme nous avons essayé de le démontrer précédemment, la chute du pouvoir actuel, ou tout au moins des crises gouvernementales qui surexciteraient le mécontentement général.

Des crises successives conduiraient à la dissolution, parce que cette idée propagée dans le public s'y développera d'autant plus facilement que l'inquiétude sera plus vive, l'irritation plus forte.

La chute du pouvoir actuel imposerait également la nécessité d'une élection nouvelle, parce que la Chambre, malgré son vote du 30 août, par lequel elle se déclarait constituante, serait impuissante à constituer à nouveau : et pour se convaincre de ce fait, il suffit de jeter un coup d'œil sur l'état respectif des partis organisés dans l'Assemblée.

La fraction légitimiste ne compte pas assez de députés dans ses rangs pour espérer, par un coup d'État parlementaire, restaurer son roi.

Les orléanistes, réduits à leur propre force, seraient trop faibles pour porter au trône leur monarque; car ils rencontreraient, pour les combattre, les républicains et les légitimistes.

Les républicains eux-mêmes seraient-ils assez nombreux pour élire un président et trouver un homme tel que les monarchistes de toute nuance ne se liguent pas contre sa nomination? Il nous sera permis d'en douter.

Ainsi donc, crises ou chute du Gouvernement aboutissent à une dissolution, qui ne profiterait pas, ainsi que nous allons l'examiner, à ceux qui, par leur désaccord, l'auraient rendue nécessaire.

La dissolution, en effet, est le jeu des partis extrêmes, des radicaux et des bonapartistes.

Les radicaux la désirent, parce qu'ils croient au succès dans les élections futures, non sans raison, quand on pense que la légitimité a contre elle l'opinion des villes et des campagnes, et que dans les périodes de bouleversement, les gens modérés aiment à rester à l'écart, et ne l'emportent jamais. Les bonapartistes y poussent, parce qu'ils trouvent dans le succès du parti radical des chances de retour, par la possibilité d'un coup de force ou d'un plébiscite.

Quant à nous, quitte à être traité de pessimiste, nous avouerons que l'activité, avec laquelle le parti bonapartiste, ce parti de l'audace s'organise de toutes parts, est bien faite pour inspirer des craintes sérieuses ; et qu'on n'aille pas nous reprocher de vouloir jouer ici du spectre napoléonien, comme Napoléon jouait du spectre rouge, car les faits sont là et se passent sous nos regards.

Les bonapartistes comprennent en effet que la lassitude et la peur de l'arrivée des partis extrêmes faciliteraient leur réapparition, et que le pays avant tout réclame l'ordre et le calme pour vaquer à ses affaires : ils cherchent déjà à profiter des derniers événements.

Le 2 juillet, n'avez-vous pas vu les chefs de file oser se présenter aux élections ? Ils se sont trop pressés, c'est vrai ; mais ils n'abandonnent pas la partie. Le premier sujet de la troupe, M. Rouher, juge opportun de rentrer sur la scène politique, pour soutenir à l'Assemblée nationale les opinions politiques des Corses, pendant que les doublures, dans les départements, s'apprêtent à pénétrer dans les Conseils généraux.

Oui, ce parti se prépare de plus en plus pour la lutte : déjà il a ses organes qui, sous le couvert d'une étiquette conservatrice, ne cessent de se répandre en invectives contre le gouvernement actuel, entretiennent les préventions et laissent pressentir le besoin d'un plébiscite, pendant que d'autres, complices ou amis sans le savoir, marchent au même but et préparent de nouvelles crises en ne rassurant pas l'esprit public.

Le trouble, en effet, voilà le désir des bonapartistes. Ils espèrent qu'alors un monarque constitutionnel n'aura pas le courage d'employer le sabre pour s'implanter sur le sol de France, et que le pays, éprouvé par les revers, fatigué de l'impuissance de ses gouvernants, se jettera peut-être dans les bras du plus fort, du plus audacieux, du *Sauveur.*

Écoutez le langage de M. Paul Granier de Cassagnac, s'adressant aux électeurs du Gard : « Il faut que vous serriez les rangs pour vous défendre ; il faut que vous mettiez à votre tête des hommes qu'aucun péril n'épouvante, et *qui ne reculeront devant rien, vous entendez*, afin d'affirmer vos droits politiques, de défendre vos fortunes et de protéger vos existences. »

Que penseront de cette attitude les partisans de la dissolution prochaine? Les voilà prévenus : les bonapartistes sont aux aguets, et quand le moment sera venu, ils ne reculeront devant rien.

Espérons toutefois que cette dernière honte nous

sera épargnée, et que nous ne subirons pas ce suprême affront; mais, pour cela, il est nécessaire que la Chambre évite les crises gouvernementales, et que, par l'union des éléments conservateurs et libéraux, elle inspire confiance, et réduise à néant les projets des coupables ou des aveugles qui réclament la dissolution.

L'éventualité des malheurs suspendus sur la patrie, suffirait à elle seule pour imposer la plus grande réserve et le plus parfait accord : et si les membres du centre droit se refusaient à transiger avec ceux du centre gauche, s'ils cherchaient, par des intrigues parlementaires, à faire brèche au pouvoir, grande serait leur faute et maladroite leur conduite : car tout est là pour démontrer que le trouble qu'ils engendreraient, ne servirait pas même leurs intérêts.

Ainsi donc, le salut de la patrie impose un nouveau devoir à ceux qui ont fait leur union, lors du vote du 31 août; il faut que, maintenant, ils contractent ensemble un mariage de raison, d'où naîtra la formation d'une majorité indispensable au maintien actuel de l'état des choses.

Sans cette fusion des centres, le pouvoir donné à M. Thiers est éphémère, — l'instabilité subsistera, — la crainte gagnera tous les esprits; — la dissolution sera fatale, et la dissolution prochaine, c'est le chaos, c'est l'abîme.

Que la fusion se fasse au contraire, — le pouvoir donné à M. Thiers sera réel, — la stabilité certaine, —

la confiance renaîtra — la dissolution deviendra impossible.

Et quand on voit que la France touche à un de ces moments décisifs dans la vie des nations, où, sous peine de tomber au rang des puissances de second ordre, et de ne se relever jamais, elle a besoin du concours de toutes les volontés, de toutes les intelligences, de tous les cœurs pour travailler à l'œuvre de sa réorganisation matérielle et de sa régénération morale, est-ce témérité ou illusion de croire à l'esprit de conciliation, de ceux qui détiennent à cette heure les destinées nationales ? Nous ne le pensons pas, et c'est pourquoi nous adressant aux membres du centre droit, aux monarchistes constitutionnels, nous terminerons en leur disant :

Ne trompez pas notre attente.

Oubliez vos sympathies personnelles.

Trêve aux discordes, pour fonder enfin dans l'Assemblée française, sur l'écroulement de tous les partis politiques, le parti national, le parti de gouvernement, destiné à préserver le pouvoir actuel des tracasseries légitimistes et des impatiences radicales.

Le salut est là !

372 — Paris. — Imprimerie Cusset et Cie, 26, rue Racine.

www.ingramcontent.com/pod-product-compliance
Lightning Source LLC
LaVergne TN
LVHW010256230826
846091LV00007B/2996

* 9 7 8 2 0 1 1 7 8 9 6 2 4 *